글 · 유일윤

많은 사람들을 옳은 길로 이끄는 별이 되고 싶었습니다.
그 꿈을 이루진 못했지만 아이들의 마음에 별이 되는 책을 만들어 주고 싶습니다.
사랑하는 딸을 위해 지었던 동화들을 모아 책으로 펴내고 있습니다.
〈지구별 소풍〉, 〈국화보다 아름다운 너〉, 〈보름달이 되고 싶은 반달이〉, 〈민들레꽃집이 된 밥솥〉 등의 《칸트키즈 철학동화》와
〈놀부전〉, 〈뱃살 공주〉, 〈신데렐라〉, 〈콩쥐의 오해〉 등의 《창의력과 사고력을 키우는 반전동화》,
〈사랑해 공주〉, 〈아주 특별한 생일 선물〉, 〈쟁이 쟁이 내 동생〉 등의 《성장발달동화》를 지었습니다.
창작동화로 〈행복한 눈사람〉, 〈세상에서 가장 멋진 우리 아빠〉, 〈내겐 엄마가 있잖아요〉 등과 다수의 영어 동화를 썼으며
〈있는 그대로의 너를 사랑해〉, 〈그래, 넌 할 수 있어!〉, 〈너는 알고 있니, 엄마가 너를 얼마나 사랑하는지?〉,
〈나의 수호천사〉, 〈설탕엄마, 소금아빠〉 등의 동화를 번역하였습니다.

그림 · 김나연

이탈리아 에우로뻬오 디자인학교에서 일러스트와 애니메이션을 공부했으며
〈서울일러스트공모전〉 동화일러스트 부문에서 수상했습니다.
대표작으로는 〈겁쟁이 로빈 후드〉, 〈꾀 많은 토끼〉, 〈원숭이 왕수학〉,
〈학교에 가자〉, 〈위프리 맨〉 등이 있습니다.

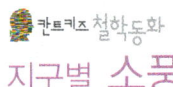

지구별 소풍

기　　획	유일윤	
편　　집	이유진, 배성분, 한수빈	
디 자 인	금지영, 이미영, 박라미	
펴 낸 이	조해숙	
펴 낸 곳	꿀바른교육	
주　　소	경기도 파주시 회동길 357	
전　　화	031-8071-8071	
팩　　스	031-8071-8000	
홈페이지	www.glbburiedu.com	

ⓒ 꿀바른교육

꿀바른교육에서 저작권을 소유하고 있으므로, 본사의 동의나 허락 없이
이 책의 전부 또는 일부를 복사, 복제, 배포하거나 전산 장치에 저장할 수 없으며, 유상 대여를 할 수 없습니다.

주 의　⚠　책 모서리에 다칠 수 있으니 사람을 향해 던지거나 떨어뜨리지 마십시오.
　　　　　고온 다습한 장소나 직사광선이 닿는 장소에는 보관하지 마십시오.

사랑의 배려	• 유성 잉크 대신 친환경 식물성 원료인 콩기름 잉크를 사용해 인쇄했습니다. • 친환경 접착제와 코팅지를 사용해 냄새가 적고 안전합니다. • 표지에 습기가 적고 탄력이 좋은 고가의 드라이보드지를 사용하여 잘 울지 않고 뒤틀림이 없어 내구성이 뛰어납니다.

칸트키즈 철학동화

지구별 소풍

글 유일윤 그림 김나연

주　　제	죽음이란 무엇인가? / 죽음을 맞이하는 태도
대입 연계	죽음을 대하는 다양한 태도와 올바른 자세 [2001 **서강대** 정시 논술]
	다양한 생명관에 대한 생각 [2004 **단국대** 수시 논술]
	생명에 대한 다양한 관점과 생물학적 생명관 [2006 **경원대** 수시 논술]
	시간의 흐름과 죽음에 대한 두 가지 관념 [2008 **서강대** 수시 논술]
	인간이 가진 유한성과 무한한 세계 [2009 **서강대** 수시 논술]
	죽음에 대한 세 가지 태도 [2011 **연세대** 수시 논술]

7살 봄이는 천사 유치원에 다닙니다.
유치원에 가지 않는 토요일에는
아빠랑 병원에 가지요.
엄마가 많이 아프셔서
오랫동안 병원에 계시거든요.
그래도 엄마를 만나러 가는 토요일에는
룰루랄라 신이 나요.

봄이가 병실 문을 열고 들어서자
"예쁜 봄이 왔구나!"
엄마와 한 병실에 계시는 할머니가 먼저 반겨주셨어요.
"우리 예쁜 공주!"
할머니는 봄이에게 주스랑 사탕도 주시고
황도 복숭아도 먹여주셨지요.

봄이는 엄마 침대에서 엄마랑 함께 자는
토요일 밤이 가장 행복해요.

일요일 오후가 되면 아쉽지만 엄마와 헤어져야 해요.
할머니는 용돈도 주시면서
엄마와 헤어지기 싫어하는 봄이를 달래주셨어요.
"우리 착한 봄이,
 이걸로 맛있는 거 사 먹고 엄마 보고 싶어도 울지 마.
 다음 주에 또 만나자!"

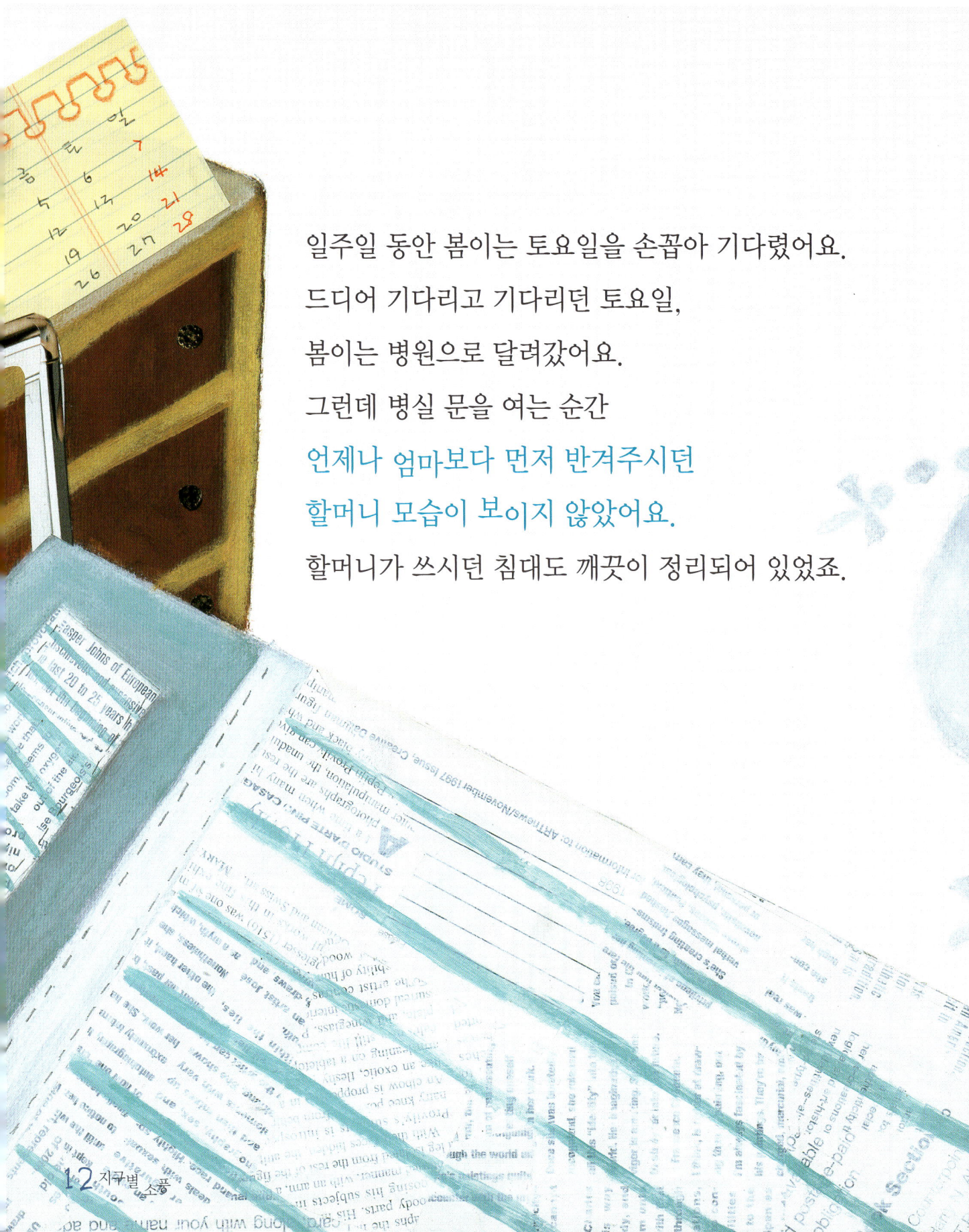

일주일 동안 봄이는 토요일을 손꼽아 기다렸어요.
드디어 기다리고 기다리던 토요일,
봄이는 병원으로 달려갔어요.
그런데 병실 문을 여는 순간
언제나 엄마보다 먼저 반겨주시던
할머니 모습이 보이지 않았어요.
할머니가 쓰시던 침대도 깨끗이 정리되어 있었죠.

"할머니 어디 가셨어요?
 할머니 자리가 왜 비어 있어요?"
"할머니는 돌아가셨단다.
 우리 봄이를 무척 사랑해주셨는데……."

"으앙!"

봄이는 울음을 터뜨렸어요.

"엄마, 엄마는 할머니 되지 마.
 언제나 우리 엄마 해.
 엄마는 할머니처럼 죽지 마."

봄이는 눈물을 글썽이며 말했어요.

"봄이야, 사람은 누구나 죽는 거란다."
"안 돼, 엄마는 죽지 마. 내가 지켜줄게."
봄이는 엄마를 꼭 끌어안았어요.

"봄이야, 얼마 전에 놀이공원으로 소풍 다녀왔지. 어땠어?"
"응, 무지무지 재미있었어.
회전목마랑 하늘을 나는 풍선도 탔어.
친구들과 게임도 하고 장기자랑도 하고,
내가 춤추기 대회에서 1등 했잖아!"
"그랬구나.
하지만 소풍 간 데가 아무리 재미있고 좋아도
거기서 살 수 있니?"
"아니요."
"그래, 해가 지기 전에 집으로 돌아와야 하지?"
"네."

"네가 소풍을 다녀온 것처럼
사람들은 모두 지구별에 소풍을 온 것이란다."

"그래서 우리도 지구별 소풍이 끝나는 날
집으로 돌아가야 해."
"엄마, 우리가 돌아갈 집은 어디에 있는데?"
"하늘나라에 있어."
"하늘나라에는 어떻게 돌아가는데?
 비행기 타고 가?"

"네가 피곤해서 소파에서 잠든 적이 있었지?
 그런데 아침에 깨어나면 어디에 있었어?"
"내 침대."
"왜 네 침대에 있었을까?"
"엄마나 아빠가 옮겨주셨지요."
"그래, 네가 잠들었을 때
 엄마나 아빠가 너를 꼭 안아다
 네 방 침대에 옮겨놓는 것과 같단다.
 엄마가 잠들면 천사가 와서
 엄마의 영혼을 하늘나라 엄마 방 침대로 옮겨놓는단다!"

"사랑하는 우리 딸,
혹시 엄마가 없더라도 지구별 소풍 즐겁게 보내렴.
즐겁게 지구별 소풍을 마치고
하늘나라 우리 집으로 돌아오너라.
엄마가 먼저 가서 널 기다리고 있을게!"

그날 밤, 엄마는 편안히 잠들었어요.
그러자 천사가 내려와 엄마의 영혼을
하늘나라 침대로 옮겼답니다.

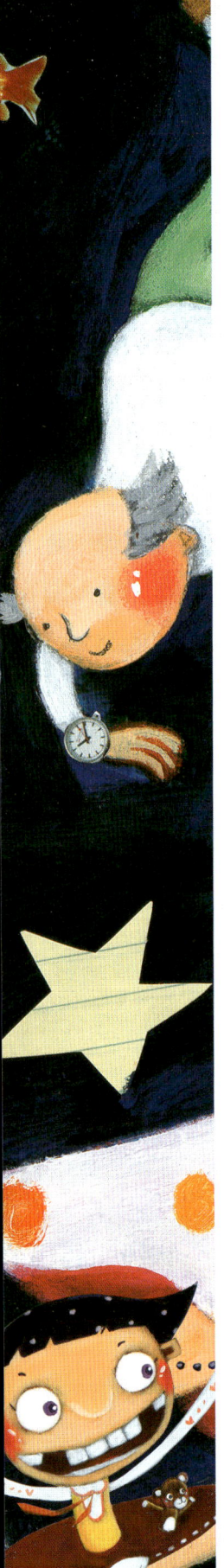

지혜를 키우는 철학편지

아름다운 지구별 소풍

나 하늘로 돌아가리라.
아름다운 이 세상 소풍 끝내는 날,
가서, 아름다웠더라고 말하리라…….

천상병 아저씨의 〈귀천〉이라는 시의 마지막 부분이에요.
삶이란 무엇이며 또한 죽음이란 무엇일까요?
천상병 아저씨는 삶이란 지구별 소풍과 같은 것이고
죽음이란 소풍을 마치고 하늘나라 집으로 돌아가는 것이라고 생각했어요.

**어떻게 살아야 지구별 소풍이 끝나는 날,
우리도 아름다웠다고 말할 수 있을까요?**
또 어떻게 살아야 사랑하는 사람들을 하늘나라로 떠나보내는 날,
후회 없이 보낼 수 있을까요?

부모님이 우리 곁에 계실 때,
사랑하는 사람들이 우리 곁에 있을 때,
후회하지 않을 만큼 사랑하기로 해요.
지구별 소풍이 아름다운 것은 바로 사랑이 있기 때문이 아닐까요?

생각을 키우는 철학논술

 봄이는 언제 가장 행복했고 왜 행복하다고 느꼈나요?

봄이처럼 내게 가장 소중한 사람, 혹은 애완동물을 멀리 떠나보낸 경험이 있나요? 있다면 그때의 마음은 어떠했나요?

다음 글에 나온 장자도 봄이처럼 소중한 사람이 죽었지만 울지 않았어요. 왜 울지 않았을까요?

> 장자의 아내가 죽자, 혜자가 *문상을 갔다. 장자는 두 다리를 쭉 뻗고 앉아 그릇을 두들기며 노래를 부르고 있었다. 이런 모습을 본 혜자가 "자식을 키우며 함께 살아가던 아내가 죽었는데, 어찌 슬퍼하지 않고 노래를 부를 수 있소?"라고 꾸짖자, 장자는 이렇게 대답했다.
> "아내가 죽었는데, 어찌 슬퍼하는 마음이 없겠소? 자연이 봄, 여름, 가을, 겨울을 되풀이하는 것처럼, 지금 아내는 형체가 변해 천지(하늘과 땅)라는 큰 방에 누워 있소. 그런데 내가 소리를 질러 울고불고 한다면 자연의 법칙을 모르는 것이라, 울음을 그쳤소."
> – 〈장자〉, 2001 서강대 정시 논술 –

*문상 남의 죽음을 슬퍼하며 위로함

 사람이 죽으면 어디로 간다고 생각하나요?

칸트키즈 철학동화

소중한 나
01 너는 누구니?
02 국화보다 아름다운 너
03 보름달이 되고 싶은 반달이
04 나는 내가 제일 좋아
05 나는 그냥 나야

세상에 쓸모없는 것은 하나도 없다
06 아기 박의 꿈
07 민들레꽃집이 된 밥솥

시련을 극복하는 의지
08 상처 없는 새가 있을까?
09 속 빈 호두

너는 어떻게 살래?
10 동굴의 비유

너는 무엇을 위해 살래?
11 네게 가장 소중한 것은 뭐니?
12 사람은 무엇으로 사는가

인간은 태어날 때부터 선할까? 악할까?
13 양치기 기게스의 요술 반지
[2007 건국대 수시 논술 제시문]

죽음이란 무엇일까?
14 지구별 소풍
15 새로운 인연

생명은 얼마나 소중한 것일까?
16 생명의 무게

행복이란 무엇일까?
17 행복한 왕자
18 꽃신의 꿈
19 누구랑 함께 살래?

모두가 행복한 세상을 만들 수 없을까?
20 하느님의 실수
21 네가 있어 나도 행복해
22 입장 바꿔 생각해봐!
23 모두 모두 소중해

차별 없는 정의로운 사회를 만들어요
24 심심해서, 심심해서 그랬어
25 되돌려준 따귀 한 대

친구를 어떻게 사귈래?
26 나와 다르지만 소중한 너
27 넌 어떤 친구를 사귈래?

올바른 의사소통과 결정 방법
28 누가 고양이 목에 방울을 달아야 할까?
[2008 서울대 정시 논술 제시문]

올바른 인식(앎)의 방법과 과정은?
29 우물 밖엔 무엇이 있을까?
[2005 서울대 정시 논술 제시문]
30 너만 옳은 것은 아니야

올바른 경쟁과 정당한 결과
31 고슴도치와 토끼
[2006 서울대 정시 논술 제시문]
32 부끄러운 승리

생각이 행동에 미치는 영향
33 옛날하고도 옛적에

21세기 바람직한 리더의 자질
34 왕자와 꽃씨
35 황금뿔 사슴왕
36 왕다운 왕
37 누가 추장이 되어야 할까?

지혜와 지식의 가치는?
38 누가 제일 부자일까요?
39 귤이 탱자가 된 이유

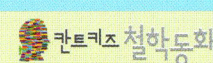

욕심의 병
40 바쁨이 차지한 땅
41 채워지지 않는 동냥 그릇

기술자나 과학자의 직업윤리
42 깨진 찻잔의 비밀

유혹을 어떻게 이길까?
43 꼭 한 번만 더

후회 없는 결정을 하려면 어떻게 해야 할까?
44 칭기즈칸의 후회

갈등이 생겼을 때 어떻게 해결할까?
45 미움의 불씨

관계에 있어서 믿음과 신뢰의 중요성
46 그림자에 갇힌 사나이

어떻게 말을 해야 지혜로울까?
47 깃털과 세 개의 체

시간의 의미와 가치
48 마지막 5분

정직의 힘
49 허풍쟁이 낙타 까말

배려의 힘
50 간디는 왜 신발 한 짝을 던졌을까?

긍정의 힘
51 우유통 속에 빠진 개구리
52 최고의 선물

실천적 삶의 지혜
53 세 가지 질문

웃음의 기능과 가치
54 세상에서 제일 좋은 약

참된 선행이란 어떻게 하는 것일까?
55 참된 선행

자연과 조화롭게 사는 법
56 아기 코끼리와 나
[2007 이화여대 수시 논술 제시문]

진정한 용서란 무엇일까?
57 바위에 새긴 우정

철학논술 제시문 동화
58 그래, 넌 할 수 있어!
59 있는 그대로의 너를 사랑해
60 설탕엄마 소금아빠